AF295516

# Min värld

# Min värld

Haiku och Tanka

av

Tommy Stignor

2024

© 2024 Tommy Stignor

Förlag: BoD · Books on Demand, Stockholm, Sverige

Tryck: Libri Plureos GmbH, Hamburg, Tyskland

Omslag: Tommy Stignor

ISBN: 978-91-8057-778-6

# Förord

Haiku och Tanka dikter erbjuder en unik och djupdykande upplevelse som få andra poesiformer. Deras korta och koncisa stil tvingar oss att ta in varje ord och att bryta ner dess innebörd på ett djupgående sätt.

Denna form av poesi är inte bara vacker, utan även fylld med personlig reflektion och djupare medvetenhet.

Det är min övertygelse att dessa dikter kommer att förmedla en stark känsla av närvaro och upplysning för varje läsare, och att de kommer att bli en uppskattad del av varje poesiälskares bibliotek.

# Innehåll


Vår .................................................. 10

Sommar ........................................ 32

Höst ............................................. 58

Vinter .......................................... 80

Livet ........................................... 104

Samhället ................................... 136

# Vår

Porlande vatten

under tunt täcke av is

fåglarna kvittrar.


knoppar som brister

i vårsolens varma ljus

istappar smälter.


En solig majdag

hörs paddornas kväkande

nu är våren här.

Snön smälter sakta

snödropparna tittar fram

ur kalla jorden.


Bland gröna kullar

lyser vitsippor vita

i skogsgläntans ljus.


Värmen dröjer än

blå himmel och lätta moln

snö framåt kvällen.

Körsbärsblommorna

blommar i vårsolens sken

ett rosa landskap.


Knopparna brister

i vårsolens varma ljus

fåglarna sjunger.


I april månad

skrattar skatan i trädet

kylan dröjer kvar.

Sommarhalvåret

inleds med värme och ljus

dags att börja så.


Skatorna skrattar

och bråkar med kråkorna

fjädrarna ryker.


Hav av vitsippor

sol, strålar genom grönskan

kraxande kråkor.

Strilande vårregn

luften fylld av skogsdofter

vintern spolas bort.


Himlen speglar sig

i tjärnens lugna vatten

paddorna sjunger.


Solen tittar fram

naturen vaknar till liv

blommande fruktträd.

Bland stenar och grus

på en öde rivningstomt

små gula blommor.


I tidig vårsol

avtäckta fritidsbåtar

skrapas och målas.


Skunkkallans kronblad

gula, likt jätteblommor

som i sagans värld.

Fåglarna sjunger

eld, strålar genom grönskan

värmande solljus.


Fåglarna häckar

och sjunger glatt om våren

tviddeli tvitvitt.


Yrvaken och stel

en liten mask tittar ut

han solar en stund.

Slaskiga gator

hänger in vinterjackan

det är plusgrader.


Vårisen smälter

små vita kissar på gren

fåglarna sjunger.


Vårstormens vågor

rullar in mot klipporna

salt stänkta läppar.

I tidig vårsol

söker trasten efter mat

allt är grått och trist.


Citronfjärilen

vaknar ur vinterdvalan

hungrig på nektar.


På stela vingar

blåvingens yviga färd

vart är hon på väg?

Det regnar en stund

nu skiner solen åter

nu kommer mer regn.


En ensam fågel

kvittrar glatt efter sällskap

i tidig vårsol.


Körsbärsblommorna

blommar endast någon dag

kort och förgängligt.

Grodynglen simmar

i gölens grunda vatten

som lekande barn.


Vänder ansiktet

mot skyn, och dyrkar solens

värmande strålar.


Stadens Kaféer

fylls åter med liv och sorl

i vårsolens glans.

Färgglada blommor

prunkande i vårens famn

naturen vaknar.


Bäcken dansar fram,

med kallt kristallklart vatten.

Hör! Vårflodens sång.


Forsens vita brus

dansar över stenars rygg

lekande laxar.

Blickar längtande

upp mot himlens blåa valv

vårsolen värmer.


Vårens symfoni

spelas i naturens värld

bland trädkronorna.


Den ljusa grönskan

är vårens barndomsfärger

som sakta åldras.

Knopparna brister

och naturen kläds i grönt

kärleken flödar.


Påskliljor blommar

på kyrkogårdens gravar

tidigt om våren.


Porlande bäckar

och gula tussilago

katten lapar sol.

Himmelen är röd

och blodlönnen lika så

i solnedgången.




Fåglarna kvittrar

och snön töar sakta bort

snödroppar blommar.




Allt är grått och trist

snart återvänder ljuset

längtande tystnad.

Känslorna spritter

naturen vaknar till liv

fåglarna häckar.




I det blå, sjunger

fåglarna ut sitt budskap.

Vårens melodi.




Bäckarna kvällar

som blodet i ådrorna

kärlek om våren.

Vårtårar faller

från himlens tunga skyar

sörjandes vintern.




Solstrålar dansar

till vårvindens symfoni

och humlornas surr.




Känslorna svallar

naturen vaknar till liv

vårflod i mitt bröst.

Hoppets tid är här

längtar efter sol och bad

svalkande havsbris.


Ett ögonblicks ro

innan vårstormen sliter

havsisen itu.


Drömmar får vingar

och ljuset kommer åter

våreldar brinner.

Månen lyser klar

genom ännu kala träd

i aprilnatten.


En stunds evighet

i längtans universum

från mörker till ljus.


Kall luft strömmar in

genom det öppna fönstret

doften av smält snö.

Vårregn på min kind

tvättar bort tungsintheten

ringar på vattnet.


Andas in våren

och kroppen fylls med längtan

bultande hjärta.


Vårstormen sliter

i trädens kala grenar

än dröjer ljuset.

Myrorna vaknar

av solens varma strålar

sliter och släpar

yrvakna, förvirrade

drar sina strån till stacken.




Längtar efter ljus

och långa promenader

blommorna slår ut

vinterns trötthet är borta

lätta steg i solskenet.

# Sommar

Doften av rosor

i en blommande trädgård

humlorna surrar.




Tunga gråa moln

regndroppar faller från skyn

ringar på vattnet.




Bris i skymningen

hav, tång och vågor mot strand

himlen färgas röd.

I spindelnätet

glittrar daggen som stjärnor

en insekts öde.




Maskrosor gula

runda duniga bollar

flyger för vinden.




En stjärna faller

från en stjärnklar natthimmel

syrsorna spelar.

Bollar som stutsar

lekande barn på gården

tyst i skymningen.




Flugorna surrar

svetten rinner i pannan

äntligen framme.




Humlorna surrar

klövern blommar i gräset

solnedgång i väst.

Svalorna flyger

rapsen vajar i vinden

himmelen är blå.


Söker en blomma

som fjärilen på ängen

i virvlande flykt.


Hoppar och skuttar

far fram i svindlande fart

katten på garnet.

Blommor på ängen

fjärilens virvlande flykt

livets tvära kast.



Regndroppar faller

knastrande mot tältduken

myggorna surrar.



Spindeln i nätet

spinner silvriga trådar

i morgonljuset.

Mossen ligger blank

blå himmel och vita moln

gräsänder landar.




Ett svalkande dopp

i havets salta vatten

knottror på huden.




Doft av gammal tång

vågorna slår mot stranden

rogivande brus.

Ljusgrönt blåbärsris

mjuka steg på tallbarrstig

rasslande asplöv.




Måsarna skriar

segel i horisonten

en dag vid havet.




Vita och gula

på dammens stilla vatten

hav av näckrosor.

Trollsländor svärmar

säven vajar i vinden

änderna simmar.


En lite ödla

kilar förbi på stigen

skrämd av tunga steg.


Himlen förmörkas

åskbyar och kraftigt regn

solen tittar fram.

En dag vid havet

manetens trådar bränner

på solbrända hyn.




Midsommarstången

övergiven och vissen

vi ses nästa år.




Fuktiga kvällar

Harkrankens vacklande flykt

i taklampans sken.

Måsarna skränar

och ruvar på sina ägg

anfall från ovan.




Ett hav av nypon

skördetiden har börjat

sylt och marmelad.




I gassande sol

röda solbrända kroppar

kaffe i termos.




Måsarna skränar

Flugorna svärmar

blickar ut över havet

förmultnande tång.




Humlorna surrar

och bina samlar nektar

jagad av geting.




Surströmmingsklämma

en sommardelikatess

men bara för få.

Tändkulemotorns

dunkande, hörs vid kajen

fisklådor lossas.




Skärgårdsbåtarna

kastar loss en efter en

ut till öarna.




Några får betar

på ängen nära stranden

bland Trift som blommar.

Sträcker ut handen

och känner på trädets stam

vi hälsar artigt.




I sommarkvällens

svaga ljus, hörs gräshoppor

spela på ängen.




Svalorna flyger

i tvära kast på himlen

så akrobatiskt.

Marelden virvlar

som eld i sommarnatten

vid varje årtag.


På himlavalvet

i sommarnatten, blinkar

stjärnorna, god natt.


Maneter simmar

i det himmelsblå havet

dit strömmarna bär.

Strandskatan springer

med lätta steg på stranden

pickar här och där.


Ute på holmen

vilar några gråsälar

utan bekymmer.


En blomsteräng, full

av alla sorters blommor,

fjärilar och bin.

Det kristallklara

vattnet, är isande kallt,

men fiskarna trivs.




En porlande bäck

i skogsgläntans lugna vrå

så rogivande.




I sommarkvällen

svärmar myggorna febrilt

kliande myggbett.

Täljer ett grillspett

men i askan och glöden

förkolnar korven.




Solar och badar

naturen är full av liv

måsarna ruvar.




Solen gassar, och

gräsmattorna är bruna,

dallrande hetta.

En humla knackar

på mitt fönster, och vill in,

det vill inte jag.




Nu kommer regnet

det svala livgivande

som göder jorden.




Vågorna kysser

strändernas solblekta sand

med ett stilla brus.


En humla knackar

Går på grusvägen

bland humlor och annat surr

en stilla morgon.


Tystnad i skogen

under trädkronornas tak

svalkande skugga.


Soliga dagar

lek och skratt, glädjen flödar

i sommarlovstid.

Orkestern spelar

sommarkvällen till ära

kulturkalaset.


Kajen speglar sig

i älvens stilla vatten

bland båtar och skräp.


Gränder fyllda av

glada skratt, ekot av steg

i sommarnatten.

Sommarkvällens ljus

målar stadens siluett

med guldgul palett.


Tusentals springer

ambulanserna tutar

en varm dag i maj.


Stan vaknar till liv

lätt sommarklädsel svalkar

i lindars skugga.

Sand mellan tårna

solen bränner mot huden

måsarna skrattar

vågorna slår mot stranden

rogivande och stilla.


Tjugo tjugoett

en varm dag i augusti

och bromsarna bits

ett annorlunda år, med

tort väder och lite mygg.

Fåglarna kvittrar

ljus strålar genom grönskan

i skogens dunkel

mörka stammars siluett

likt ståtliga väktare.


Snorklar vid stranden

en krabba kilar förbi

huden är skrynklig

simmar i en magisk värld

bland blåstång och maneter.

En säl dyker upp

tittar sig storögt omkring

havet är stilla

solen bränner i nacken

och storskotet hänger slakt.


Kräftor på bordet

och färgglada girlanger

lyktor och hattar

glada skratt och snapsvisor

en varm kväll i augusti.

Blomster i håret

och dansandes på ängen

till spelmans musik

barfota med lätta steg

runt lövad midsommarstång.


Ett groende skott

växer sig starkt med tiden

grov och vindpinad

martallens förvridna kropp

på klippan nära havet.

# Höst

I gatlyktans sken

vajar lönnens röda löv

regnvått paraply.




Regn på fönsterbleck

skymningen kommer tidigt

marken täcks av löv.




Vinden är kylig

löven faller till marken

nu kommer mörkret.

Svartis på gatan

osynlig och förrädisk

halkar på arslet.




Strålkastarnas sken

i den våta asfalten

väntar på bussen.




Frostigt morgongräs

haren söker efter mat

i soluppgången.

I dagarna tre

piskar regnet mot rutan

det är varmt inne.


Regn på fönsterbleck

under lager av täcken

hörs vinden vina.


Från lönnbladets kant

faller droppen till marken

nya droppar föds.

Doft av fuktig jord

löven singlar mot marken

fåglarna flyttar.


Jag säger inget

och inte haren heller

han springer sin väg.


Gräset, vått av dagg

kastanjelöven gulnar

kvällen är kylig.

Regnet liknar streck

som i en illustration

av verkligheten.



En frisk doft av jord

efter regn i oktober

sommaren är slut.



Kastanjeträdet

skänker glädje åt barnen

med fyllda fickor.

Regnet öser ner

utan uppehåll och nåd

Guds hämnd på ondskan.


Genom mitt fönster

reflekteras i natten

månen i dammen.


I plogformation

flyger gässen söder ut

till varmare land.

Höststormen sliter

så paraplyerna vrängs

av vindens vrede.




Lövräfsningsdansen

dansas i var mans trädgård

bland virvlande löv.




Höstlöven dansar

i virvlande piruett

till vindens musik.

Marken är täckt av

löv, i höstliga färger

på stigen jag går.


Naturens palett

i höstens alla färger

ett målat landskap.


Frostbiten och död

ligger skatan på marken

som en svartvit boll.

Ensam på trädet

i trädgårdens ena hörn

ett frostbitet löv.


Marken täckt av löv

silverstrålar i natten

månen lyser klar.


Den smala stigen

leder in i skogsgläntans

höstliga färger.

Sakta singlande

faller löven till marken

i en sista dans.


Likt brinnande eld

färgar solen världen röd

i skymningsljuset.


I månens ljus, syns

trädets kala siluett,

naket och ensamt.

Snöflingor faller

mjukt mot markens svala famn

men smälter strax bort.




Löven faller tyst

innan marken täcks av snö

mot evig vila.




Tyst smyger katten

på musjakt i frostigt gräs

men bara på lek.

Landskapet skiftar

i fyrverkeristiska

färger, så sorgset.


Höstlöven faller

öl spills, famlar i dimma

tar ett par öl till.


Vinden viskar i

mitt öra, hösten kommer

med vackra färger.

Landskapet skiftar

Regnet öser ner

regnställ i glada färger

dagisbarn på led.


Kastanjeträdets

frukter, faller med ett duns

katten blir förskräckt


Vindens viskningar

får höstlöven att virvla

håret likaså.

Näring för själen

en bok i höstens mörker

får tiden att gå.


Vågorna piskar

mot grå saltstänkta klippor

ett hav i uppror.


Fritidsbåtarna

sliter i sina bojor

vill upp ur havet.

En tallrik soppa

rykande het och färggrann

med smak av pumpa.




Svartklädda korpar

kraxar högt upp i det blå

olycksbådande.




Löven faller tyst

oundvikligt som livet

höst i mitt hjärta.

Kråkorna klagar

sorgsen sång i aftonen

hösten kommer snart.


Hösten närmar sig

vinden ruskar om träden

fallfrukt på marken.


Löven faller tyst

mörkret tynger bröstkorgen

längtar efter ljus.

Sommaren är slut

skatan överger sitt bo

och samlas i flock.


Hösten kommer med

stormsteg, så träden står på

sned, som Pisas torn.


Silver i håret

tidens gång är ej evig

ljuset bleknar bort.

Blad av rött och guld

viskandes hemligheter

dansar i vinden.




Fuktiga nätter

sommarens sista farväl

stjärnor på himlen.




Högt upp i det blå

över gulnande ängar

svalorna flyger.

Kall om kinderna

och värmande solstrålar

frostiga tuvor

rönnbären lyser röda

höstdagjämningen är här.


Förmultnande löv

och doften av fuktig jord

luften är kylig

en höstvandring i skogen

väcker slumrande sinnen.

Röda till hösten

hängande klasar på gren

sura som attan

plockas vid första frosten

saft, gelé och marmelad.


Kyliga mornar

varma soliga dagar

kvällarna mörknar

sommaren går mot sitt slut

hösten kommer snart med frost.

Träden står i brand

ett landskap i höstlig prakt

än värmer solen

frostbitna gulröda löv

väntar på sista vilan.


Blåser och regnar

hukar under paraplyt

virvlande höstlöv

klar frisk luft, lätt att andas

lungorna fylls med syre.

# Vinter

Frostbitna kinder

i det klara månskenet

skidorna slinter.


Blank ligger isen

frusen kall och frostbiten

åker på lädret.


Facklor på släden

varm under fårskinnsfällen

bjällrorna klingar.

Pulkor i backen

Hej! Vad det hoppar och far

kittlar i magen.




Två kalla händer

i vinterkvällens mörker

en snölyktas sken.




Vinden är kylig

och biter i kinderna

tunga matkassar.

Lussetåg med sång

pepparkakor och varm glögg

särken är för lång.




Första snön faller

noll grader i november

men regnar strax bort.




Full av julemat

på bädden jag ligger trött

utmattad och slö.

Tomten knackar på

och barnen är skräckslagna

lyckad julafton.


Nyårsraketer

smällande och färggranna

skålar i champagne.


Kan inte sova

flimrande minnesbilder

i vinternatten.

Frusna fiskögon

genom dammens klara is

tiden har stannat.


Fåglarna har flytt

och julen står för dörren

gråmulet väder.


Första snön faller

barnen leker glatt i snön

rosiga kinder.

Vantar och halsduk

mössa och röda kinder

skidor och stavar.



På klara himlen

i vinternattens mörker

stjärnorna glimma.



Snön faller ymnigt

plogbilens blinkande sken

plogade gator.

Mellandagsrea

trängsel i butikerna

pengarna sinar.



Snötyngda granar

snön gnistrar och glimmar, i

månens klara sken.



Som ett vitt täcke

över ett fruset landskap

faller första snön.

Första snön faller

kvällarna blir ljusare

snöras från taket.


Nyanser av vitt

virvlande snökristaller

frostbitna kinder.


I nyfallen snö

varm choklad med vispgrädde

och byxvarm cognac.


Första snön faller

Rackabajsaren

värmer i vinterkylan

rosiga kinder.


Ute i kylan

skrattar barnen av glädje

små änglar i snön.


Vita snöflingor

faller sakta och ljudlöst

som bomullstussar.

Första snön faller

och färgar landskapet vitt

mjuka kontraster.


Vinternattens köld

biter hårt i kinderna

på tidningsbudet.


Vintervitt landskap

under den klarblå himlen

snötyngda vidder.


Första snön faller

Isbrytarens dån

hörs över fjärdens vatten

när isen brister.


En kall vinterdag

ligger isen blank på sjön

likt en svart spegel.


Utanför fönstret

ett frostigt landskap i vitt

i aftonblått ljus.

Långfärdsskridskorna

skär spår i blanka isen

glider ljudlöst fram.


Snön färgades röd

när räven fick sitt byte

ingen vacker syn.


Pimpelfiskaren

ensam i vinterviken

där isen råmar.

Snöflingor dansar

i vintervindens regi

små ballerinor.




Kitteln på elden

tjärveden sprakar ivrigt

kaffe i kåsan.




Mörker och kyla

julpynt i alla fönster

årets slut nalkas.

Bakom gardinen

ses ett åldrat ansikte

i nyårsnatten.


Skitungar busar

och snöbollarna kastas

lekens glada skratt.


Nu kommer kylan

vinterns första snö faller

i gatlyktans ljus.

Rosiga kinder

och värmande solstrålar

i vinterkylan.




Stjärnan i fönstret

granen sprider juleljus

tomten på besök.




Tar från de rika

finns det några snälla barn?

Karl-Bertil Jonsson.

Snön slaskig och blöt

saltar för glatta livet

inga brutna ben



Bort med botulism

nitriter och nitrater

julmat blir vår död.



Som ett vitt täcke

över slumrande landskap

ligger snön så fint.

Snötäckta grenar

i en kal och dyster skog

huttra och fryser.


Höljd i lätt dimma

forsar älven skummande

genom vintrig skog.


Snön faller ymnigt

barnen rullar snögubbe

nu är vintern här.

En skål med soppa
dashi, wakame, tofu
värmer i kylan.


En stor snökulle
mödosamt ihop skottad
en hemlig grotta.


Julmarknad på stan
trängsel i butikerna
inte en gång till.

Julen är här nu

värmeljus med kaneldoft

gräsmattan är grön.


Stadens ljus lyser

som vintergatans stjärnor

från skidbackens topp.


I snölyktans sken

lyser ansikten spöklikt

dyrkande blickar.

Solen tittar fram

bländande vita vidder

vallade skidor.


Portvin med kryddor

värmer till änglaspelet

Kalle klockan tre.


Ett år till ända,

och granen har inga barr.

Men det har golvet.


Solen tittar fram

Sakta fallande

gnistrande, glimmande vitt

små som ängladun

kvällarna blir ljusare

och dagarna kortare.



Marknad på torget

barnen hälsar på tomten

julmusik och glögg

en årstid med tända ljus

och mat med tjocka släkten.

En kall vinterdag

tar ett ångande hett bad

bedövad och röd

helande för kropp och själ

och all smärta är borta.


Dignande julbord

firmafest med galenskap

julklappsutdelning

vuxna blir som barn på nytt

upprymda med glada smile.

Dignande julbord

och dans runt julegranen

med glitter och glans

så firades julen förr

med hela släkten samlad.


Vinterns hårda storm

yr snön till stora drivor

pulsar fram i snön

hållplatsen tom och öde

i kuren sliter vinden.

# Livet

Vaken om natten

och tittar upp i taket

är förväntansfull.


Ålderdomen går

trött, mil efter mil var dag

med utslitna skor.


Flimrande bilder

ointressanta program

livet passerar.

Fina blå ögon

och ett vackert leende

kan aldrig få dig.


Lägenhet, en ö

en öde ö, i ett hus

ensamhetens ö.


Gammal och ensam

snart bort glömd och begraven

blommorna vissnar.

Fredagsmys med vin
fläskfilé och grönsaker
somnar i soffan.




Ser på kärleken
kurande under filten
det är kallt inne.




Att dikta är svårt
gnuggar geniknölarna
men hjärnan är tom.

Sömnlösa nätter

tankarna flyger och far

natten blir till dag.



Fotspår i sanden

suddas ut av vågorna

borta för evigt.



Sju sorters kakor

ligger på ett silverfat

tar en kaka till.



Sömnlösa nätter

Rynkig och grånad

gammalt kött luktar illa

ålderdomens sorg.


Genom glastaket

ser jag mörka moln sväva

som tankar på flykt.


Äter grönsaker

det tråkigaste som finns

tänderna växer.

Falnande drömmar

och lite tid är det kvar

allt hopp är ute.



I tvättmaskinen

snurrar tvätten ren och fin.

En doft av äpple.



Ett sista farväl

vi ser tyst på varandra

du, eviga dröm.

Det nya livet

grönsaker i stora lass

tuggar och tuggar.



Fåglar av papper

vita svalor i det blå

omsorgsfullt vikta.



Blir provocerad

känslokall med inre lugn

ångrar ingenting.

Nattens demoner

svarta skuggor i mörkret

förlamande skräck.




Kunskapens fönster

kristallklart universum

dina blå ögon.




Saker att minnas

ligger i en liten ask

ett människoliv.

En tår på din kind

så salt mot mina läppar

sorg i mitt hjärta.




Många önskningar

drömmar som aldrig uppfylls

säger inte nej.




Ekot av röster

i sjukhuskorridoren

rullstolar på rad.

Skriker och söndrar

trasiga bord och hyllor

en dåre bor här.




Doften av kaffe

rosslande ljud från köket

marmeladmacka.




Tystnad i rummet

det susar i öronen

det är tinnitus.

Nosen i backen

och svansen upp i vädret

han heter Pricken.



Till varmare land

på hög höjd ovan molnen

på vingar av stål.



Misstag i livet

som en obotlig tumör

värkande och öm.

Ung och oskuldsfull

vacklar fram, smäll efter smäll

ärrad av livet.



Vid varje möte

spelas olika roller

livets teater.



En naken kvinna

tatuerad på din arm

så provokativt.

Efter många år

sitter jag åter ensam

i livets väntrum.


När livet börjar

är vi alla dödsdömda

så jävla lurad.


Fyra små tassar

stretar och drar i kopplet

med nyfiken nos.

Stadsljus i natten

på regnvåta takåsar

hukar måsarna.



Ett flämtande ljus

får skuggorna att dansa

som vilsna själar.



De gamla skorna

är som skönast att gå i

när de har gjort sitt.

I mitt köksfönster

reflekteras i natten

ett vagt ansikte.




Tiden är oviss

vår tid är nu, vi lever

men hur länge då?




När jag blundar hårt

ser jag ett universum

av ljus och stjärnor.

Nattfjärilens flykt

mot fasadbelysningen

i en dödsspiral.


Fångade själar

i ett fruset ögonblick

ett fotografi.


Han med yvig päls

i fotändan på min säng

jagar i drömmen.

Hennes lena hud

och vällustiga former

får mig att längta.


Vaknar upp tidigt

och lyssnar till tystnaden

och en flugas surr.


Dagsljuset strålar

genom stansade hål, i

papprets vänstra kant.

Några droppar av

lavendel, på min kudde,

så rogivande.




Allt syre är slut

i hela universum

springer och springer.




I snäva svängar

som en bäck genom livet

går tiden förbi.




Några droppar av

Små stunder av ljus

lyser upp mörka dagar

kärleksfulla ord.



Gårdagens minnen

vävda in i själens tyg

med silver och guld.



Kärlekens vingar

låter oss flyga så fritt

som moln på himlen.

Stadsljus i natten

som färgglada stjärnors glans

vid Götaälvs strand.


Drömmar vilar där

i hjärtats innersta rum

trängtandes kärlek.


Ditt leendes ljus

väcker känslorna till liv

kärlekens magi.


Stadsljus i natten

Ett avtryck från dig

läppstift på mina läppar

vill inte vakna.


Uppfyllda drömmar,

är inte längre drömmar.

Nya drömmar föds.


Med mobilen i

handen, passerar världen

förbi, obemärkt.

Till sin förtröstan

skapade människan Gud,

av stoft i armod.



Tiden rinner ut

innan ljuset släcks för gått

gör en bucket list.



Inget blir som tänkt

kulan i ett flipperspel

sådant är livet.

Isolering och

ekot av steg i trappan

post i brevlådan

ensamhet i förorten

reklam till källsortering.



Vackra blå ögon

nedstämd med vilsna tankar

ensam och sorgsen

hopkrupen under filten

sover bort några dagar.

Kyckling i ugnen

gyllenbrun med potatis

frestar på bordet

mat för en arbetare

den gav sitt liv åt folket.



Frasiga smala

avlånga och krokiga

ostiga bågar

gula och salta fingrar

kan inte sluta äta.

Det går runt runt runt

ekorrhjulet snurrar på

slutet är nära

fort passerade livet

innehållslöst och blasé.


Covidpandemi

hela världen stänger ner

munskydd och visir

isolering, ensamhet

befolkningen får vaccin.

I drömmarnas värld

är jag din beundrare

du doftar så gott

tänker varje dag på dig

så nära, så långt långt bort.


Livet gick undan

det blev inte mycket gjort

och nu är jag död

hade jag Idunsäpple

skulle livet levas om.

Fången i vården

ung i sinnet, längtar bort

grindar på sängen

ingen att samtala med

maten kallnar på bordet.



Vackra blå ögon

honungsmelonens sötma

fuktiga läppar

vi ser tyst på varandra

läppar som möts, i en dröm.

En man i spegeln

gammal, oigenkännlig

med trötta ögon

en känsla av obehag

över förlorad ungdom.


Svävar i det blå

drömmar och illusioner

faller till marken

tom, uppgiven, besviken

utmattad och orkeslös.

Ett sista farväl

vi ser tyst på varandra

vi ses aldrig mer

mot nya mål i livet

min inspirationskälla.




Den där vill jag ha

en Air fryer, det blir bra

strömsnål utan fett

kunde sparat pengarna

för nu står den bara där.

Vaktar vid dörren

sedan urminnes tider

din beskyddare

yvig päls och fuktig nos

trogen i alla väder.


Ett litet barn föds

från varma moderlivet

till en kall hård värld

i skydd från orättvisor

i moderns värmande famn.

Färgade nålar

genom den bleka huden

smärtsamt, för evigt

en blid som sakta bleknar

men ändå alltid finns kvar.



Håller om dig hårt

vill aldrig släppa taget

din kropp emot min

och vi andas samma luft

våra själar byter plats.

# Samhället

Vatten rent och klart

mänsklighetens livlina

borrade brunnar.




Alla tittar bort

det man inte ser, finns ej

skramlar med muggen.




Heliga böcker,

värmer våra kalla hem.

Tack! Till Renova.

Islam tar över

en kula för varje sten

ut med familjen.


Brottsligheten gror

polisen har för små skor

skavsår och batong.


Den som begår brott

kan man inte förtala

sanningen till trotts.

Ebba köper hus

det var ju för barnens skull

Kristus på korset.




Imamernas dröm

en moské i varje stad

shall we overcome?




Samhället faller

ett långsamt sjunkande skepp

med tappad styrfart.

Ärtsoppa med fläsk,

skolavslutning i kyrkan.

Ack! Ett minne blott.




Andäktig tystnad

i domkyrkans stora sal

folktom och öde.




Höga elpriser

butikerna går med vinst

girighetens ok.

Inlåst i förvar

en plats för eftertanke

murar och taggtråd.


Dåliga tider

maten har blivit så dyr

tar ett glas vin till.


Din plats och min plats

rangordning i familjen

tro det eller ej.

Om tvåhundra år

går din dotter i slöja

förortskalifat.


Väljarens röst hörs

i valurnan ekar det

förändringens tid.


I välfärdslandet

sover barnen hungriga

likt Afrikas barn.

Tredje statsmakten

och vinklade löpsedlar

allt för lösnummer.


Patriarkatet

honor och hanar för sig

likt apor i flock.


Skattmasen dreglar

och jagar med sina klor

ångestfylld nattro.

Dåligt utbud på tv

public service tar betalt

tvår sina händer.


Stormaktstidens skam

plundrade och mördade

medan folket svalt.


Fördrivet folk i

Ukraina, viftar nu stolt

med svenska flaggan.

Förgiftat spannmål

är Ukrainas levebröd

Nordafrikas hopp.


Runt runda bordet

tar makthavarna beslut

de små står till svars


Aktivist javisst

klimatångest och veganskt

limmad i gatan.

Betongdjungelns brus

människors strävande steg

brännande asfalt.


Partier strider

argument och retorik

ansvar och plikter.


Skuggor av rädsla

det omyndiga våldet

oro i natten.

Bland förortsbetong

gror maskrosor i asfalt

barnen växer upp.



Ett skott i natten

trottoaren färgas röd

blodiga händer.



Näringsfattigt grönt

odlas i ett annat land

långa transporter.

För husfridens skull

och av rädsla är man tyst

våldtagna kvinnor.


Veganen säger

äter inget levande

svimmar undernärd.


Tokiga länken

i hela stan man gräver

skramlar med bössan.

Ringande blå tåg

skramlande och gnisslande

stadens karaktär.




I solnedgången

ståtliga torn reser sig

stad i förändring.




Kvinnor utnyttjas

våld i nära relation

bortvända blickar.

I vårt samhälle

är ingen utan värde

han, som ingen ser

mannen som samlar burkar

solbränd med trasiga skor.


En tvekande man

vill inte ha några barn

kvinnan sitter vakt

granskar varje steg han tar

reproduktionsmedicin.


I vårt samhälle

Ingen går säker

hämndlystna röda läppar

långsint narcissist

i maktens korridorer

höga klackar, nytt parti.


Oppositionen

gnäller och protesterar

utan samvete

skenheliga utan skuld

allt, är någon annans fel.

Sanningen svider

blunda, håll för öronen

tystnadens kultur

behåll dina åsikter

så slipper någon bli kränkt.


Det är bättre nu

sa han och bröstade sig

så sprängdes en port

inte långt därifrån, i

en annan del av staden.